Fuglene og andre digte

PETER RYGAS

Fuglene og andre digte

Disse digte er dedikeret til min hustru
juvelen i mit liv
med al min kærlighed og taknemmelighed
for de fortryllende år, vi har været gift.

Inhalt

Duen

Oh du kærlighedens, budskabs bringer,
du kurrende fugl med de bløde vinger.
Du blysomme flyver med bud om fred,
du kommer os alle ved.

Jeg hører din kurrende kærlighedsrøst,
du bringer minder om min egen lyst.
For når forårsbøgen folder sine blade ud,
du sidder derunder og kalder på din brud.

Din forelskede kurren vil forstumme engang,
som andre fuglestemmer, i vinteren lang.
Jeg tænker nu på, at skovens sommerpragt
også snart igen vil skifte til sin vinterdragt.

Men foråret vil igen fra kulde bryde frem.
Jeg vil da lytte derude efter din kurresang.
Da vil alle, med ungdommens fyrige lyst,
få varme i hjertet ved din kurrende røst.

Gråspurven

Du allestedsværende, talrige grå spirrevip
pippende med dit altid næbbede tjilp tjilp.
Min højtelskede grå lille hjertefugl,
dagen lang bringer du glæde fra dit skjul.

Skjulet har du i både vores busk og hæk,
vi hører dig, selvom du er gemt væk.
Morgenstunden kvidrer du i gang hver dag.
Er livet mon for dig så let en sag?

Du bygger dit lille bo, hvorend et hul er,
og du nyder at plukke af havens bær.
Du har været hos os siden fordums tid,
beundringsværdig du er for al din flid.

Men vinterens isende, hårde kuldeslæb
så hård, at det endog ændrer farven på dit næb.
Om vinteren er det gult, af frosten afgjort,
og i sommervarmen bliver det igen sort.

Dejlige spirrevip, jeg glædes ved dit humør,
sommer og vinter du vores hjerter rør'.
Din kvidren, som næsten altid er i kor,
gør årstiderne bedre, fordi du hos os bor.

Lærken

Når landet ej slumrer længere i sin vintergrav,
vågner jeg op af dvale, hvor jeg har bopælskrav,
fordi jeg hører lærken synge højt i himlen blå,
hvor den med sin klare trillen nu om foråret spå.

Jeg åbner mine mørke skodder og solen se
udenfor den skinner, ej længere nogen sne.
Omend marken stadig er brun, så stod jeg nys lige der,
lyttede stille og glædes over, at Lærken igen er her.

Du trillende lille himmelfugl, som altid er fornøjet,
nu er sommeren her, og du må i arbejdstøjet.
Du lystige lille fyr, en mage må og skal du hitte,
der skal søges langt, at du ej hjembringer en nitte.

Du må ej længere tøve, du ved, din tid her er kort.
Nyd dit lærkeliv, før sommeren atter iler bort.
Vi takker dig for din livsglade sommertrillesang
og glæder os, til du vender tilbage endnu en gang.

Nattergalen

Elskovssang i den første morgenrøde,
er det mon Nattergalen, du lille søde?
Du synger om våren med hjertets glæde
fra nattens trækroner, hvor du har dit sæde.

Du synger om kærlighed og andre glæder.
Ja, før mosen og marken får de første klæder,
er du i gang med alle dine vidunderlige sange.
Fløjter med, ej på dem alle, der jo er så mange.

Nattens drosseldronning, som kun synger i smug,
du gemmer dig i mørket og træner din lille bug
til morgenstundens allersidste natteskønsang,
og så er du væk, fløjet fra os for denne gang.

Er det sandt, flyver du til Sveriges kolde bjergtoppe?
Hvad kan dog trække så lille en fugl til dem deroppe?
Hvorfor blev du ikke i vores nu smukke grønne bøge?
Er det i de svenske graner, du din rede hisset vil søge?

Rødkælken

Hvor er du dog klejn, du kære spurvefugl,
på dit røde bryst er ikke meget sul.
Men din fine, lyse stemme mit øre rammer,
straks den finder mit inderste hjertekammer.

Din stemme er så fin som sød musik,
når du den udøste, jeg ofte i øjet tåre fik.
Du rører mit inderste med din følsomme sang,
minderne strømmer, om sne, jul og bjældeklang.

Nogle gange du kikker, når jeg graver i jord,
men jeg undres stadig over, hvor du mon bor.
Jeg ser dig så sjældent i sommerens varme,
kan du bedre lide vinterens kolde arme?

Men ser dig ofte i vinterkuldens snelandskab,
her er du mit allerbedste julebekendtskab.
Når du med dit røde bryst på snegren sidder
og synger smukt, mens kulden omkring dig bider.

I snedronningens landskab er ej megen mad,
på foderbrættet jeg æbler lægger, så er du glad.
Dine insekter og edderkopper i sneen er i skjul,
som tak for din sang får du hos mig ekstra sul.

Sneppen

Hvad er det, som i krattet rører sig?
Står helt stille nu, hvad hører jeg?
I remisen med de høje træer
lister forsigtigt frem på mine tæer.

Så kommer den med klaprende vinger,
hurtigt den i luften sig svinger.
Ved Dianas hellige bryst, ud den farer.
Stift man står, som fanget i en snare.

Hui tui hui, den skræpper højt i flugten.
Måbende ser man den vride sig i luften.
Først op, så ned, så fra side til side,
så langs jorden man ser den glide.

Du akrobatiske brunsorte fugl, mig altid narrer.
Jeg igen mine mange patroner kan spare.
Elektriske stød gennem jægerbrystet farer.
"Sørens osse", jeg siger, hui tui hui, du gensvarer.

Beundring jeg har, min lille, lynhurtige ven,
men jeg ved også, at vi to mødes igen.
På næste tramp vil min bøsse igen være ladt
fra tidlig morgen, og til dagen bliver nat.

Solsorten

Elskede sorte fugl, du bringer mig morgenglæde,
din vidunderlige sang bliver dagens ankerkæde.
Turdus merula er dit fantastiske latinske navn,
din opløftende glæde gør os alle megen gavn.

Tidligt i stunden du udøver dine så liflige toner,
hjerteslag stilner hos både mænd og koner.
Min sjæl bringes i balance ved din smukke trille,
mens jeg nyder kaffen og får min morgenpille.

Fra jeg var ganske ung purk, har du sunget for mig.
Avisruten, jeg havde, blev derved en lystig leg.
Morgenstunden var knap nok ved at gry,
før du med morgensang kom fra dit nattely.

Du har fulgt mig fra barn til nu gammel mand,
megen af min glæde i livet jeg dig takke kan.
Jeg har altid elsket din stemmes dejlige melodier,
når de høres, så ved jeg, at livets sol atter stiger.

Tak, lille sorte fugl, jeg glædes altid ved dit nærvær,
og tænke sig, at du altid har boet, hvor jeg også er.
Vi to har sammen hele livet hånd i hånd gået.
Jeg bøjer mig dybt for de skønne stunder, jeg har fået.

Storken

Er det ikke bondens allerældste husven?
Nu går han spankulerende på marken igen.
Hvad er frokosten i dag, er i hans tanker,
mens han vandrer rundt på sine tynde skanker.

Han tramper rundt i pløjejorden, mens han venter.
Hun må da for hulen snart komme, han tænker.
Hun har jo baby med til bondens elskede hustru.
Det er jo Storken, som bringer børn, dog ej til jomfru.

Du umiskendelige sort-hvide ven i kjole og hvidt,
dit røde næb og lange røde ben vi knap ser så tit.
Du efterhånden så sjældne og omstrejfende syn,
i tidligere tider du bo havde på land og i byen.

Det er ikke længere så vældig sært, du kære,
vi ser dig hvert år, ellers vi det ej kan bære.
Du elskede, altid så festklædte sommergæst,
kom med babyerne til os, og bliv ved din læst.

Stæren

Vær så velkommen, du skælme stær,
du gulnæbbede gamle ven, igen er du her.
Har du nye sange i dit gyldne næb klar,
eller synger du bare de gamle, du har?

Har hørt, du helt nede ved sydens kap
med billig vin har læsket dit næb.
Det siges, du fløjtet har frække melodier.
Jo, der snakkes, det i hvert fald nogle siger.

Du, som efteraber alle lyde, min kære ven.
Jeg ved ej, hvilken fugl, og så er det dig igen.
Du snadrer som anden og storkens næbben,
fløjter som drosler og efterligner sneppen.

Din altid melodifyldte, konstante kvidren og trillen
bringer mig altid erindringer om det, jeg gerne ville.
Og drømmene er jo, som alle mennesker ved,
ofte meget bedre end skinbarlig virkelighed.

Også du forlader os en dag som de andre,
du samler store flokke og sydpå vandrer.
Er det igen til Afrikas allersydligste horn
efter billig vin til dine fløjtende guldkorn?

Svalen

Se nu der, det er jo Svalen, min tro.
Så er du her endelig, kære sommer, jo!
I år du med sommeren kom igen,
du fluesnappende svaleven.

Du kære svæveflyvende vingesuser,
din rede, som landets stalde huser.
Du altid i tagkammeret har dit bo
til stor glæde for staldens tøjrede ko.

Hjertelig velkommen her i vores hjem!
Hos os må du altid bygge bo, min ven.
Selvom du spiser os af med et kvittevit,
det er skisme ikke meget fuglekvit.

Altid du beskæftiget er, ud og ind,
hid og did, op og ned som en hvirvelvind.
Og med mad til dine unger er du ej sen,
om føje dage de vil stå på egne ben.

Nu høsten er i hus og om vinteren spår,
snart du siger farvel til vores gamle gård.
Så er du atter væk, den hele vinter lang,
du forlader os nu, i både vænge og vang.

Svanen

Hej, smukke, hvide svane, du bølgernes ganger,
har du en svanesang, skønt du ej er nogen sanger?
Ha! Du hidsige brøleabe, som på vandet løber,
hvæsende du kommer, hvis nogen dig for tæt nøder.

Du vores hvide nationale fugl, så smuk majestædig
pryder vores søer og fjorde, og dog så almindelig.
Din familie vi i Danmark ser, overalt hvor vi skue.
Vores mange vande er blevet din ynglingsfrokoststue.

Fra himmelhvælvingen blå hist vi hører dine vingeslag,
en susende og hylende lyd på en ellers så stille dag.
Det hviskes og tiskes, at du i hine tider var en grim ælling,
eller er det bare en gammel poets vilde fortælling?

Jo, smuk, det er du, du store, hvide svanefugl,
når du flyder på søen ud fra dit høje sivskjul.
Med ungerne på slæb, trip, trap, træsko,
som en anden kongelig, i majestætisk ro.

En dag du skal herfra og hovedet mod bølgen sænke,
og dit allersidste blik du vil mod livet skænke.
Du vil synge din svanesang, de sidste strofer afspille
og til himlen fare, mod dit eget stjernebillede.

Aftensolen

Der er stilhed og fred i aftensolens sale,
denne fortælling jeg dog vil anbefale.
Jeg er midt i naturens stille aftenfest,
men solen vil i seng og synker hjem mod vest.

Træerne vinker solen på vej, de står så smukke,
grønne blade, som skinner og blidt bukke.
En skræmt lille fugl søger ly inden natten,
gemmer sig i træerne, for ude er katten.

Der er stille nu, tanker kan flyve vidt omkring,
de kan drømme om alverdens dejligste ting.
Ja, det er netop i tankerne, at jeg rigtigt rejser
til verdens top, ridende på en spruttende gejser.

Der er dejlige eventyr, ønsker og luftkasteller,
alt det, som vi læser om i skribenters noveller,
men jeg sidder på vores terrasse, i en hvilestol,
og nyder i fulde drag den nu synkende aftensol.

Blålys.

Nu åbner hun vist den rude
han i natten står og kikker på
hun ved, at han står derude
mellem stjernerne små.

Han sender hende milde blikke
hun sender kys til ham hen
kærligheden kan ingen beklikke
han nedenfor sender kys op igen.

Hun sin hjertevarme nedsender
som en regnbue fra himmelbo
der hos ham dernede ender
som en funklende regnbuebro.

Nu træder hun ud på broen
i tanken og han som hun
snart vil de mødes i natteroen
i tanken ak! er det kun.

Hun kommer, hans lille kyske
med smil om sin blodrøde mund
og dens glødende buer kysse
han skal om føje stund.

Han kun aner den milde ånde
han venter på det søde kys
hans arme er klar til at favne
hvad han kun skuede nys.

Hans arme favner kun luften
og kysset som suk ham flyr
han har mistet fornuften
i månelyset som svinder bag skyr.

Når længsel efter kærligheds kys
den ønskes med al sin sjæl
man ofte ender med blålys
og er kun drømmenes træl.

Bedsteforældre

Tiden, hvor I to kære, vores elskede mor og far,
skulle have haft en god tid, men døden afskar.
Tid med børnebørn, nu er kun tomhed tilbage.
I skulle med dem have hygget og bagt kage.

I skulle ha' levet jeres tid, den tid var nu,
som bedsteforældre hos os I leve sku'.
Med børnebørnene om jeres fødder,
juleglæde med børn, børnebørn og nødder.

Med tid til alle blomsterne, der gror i haven,
børnebørns råb, leg, jubel og kluk i maven.
Tid til hinandens lykke og en smule fred,
at tale med hinanden om jeres alvidenhed.

Der burde have været latter og høje hurraråb,
hvis I havde været her, som var vores håb.
I skulle have set jeres børn alle vokse i livet,
men den glæde blev jer i dette liv ikke givet.

Dage i sommeren

Ikke en vind, ikke en brise rører sig i varmedisen. Selv skyggerne
søger ly og gisper under træerne. Strandengen summer af sol, og som-
merskyerne driver stille ud over vandet og forsvinder i ingenting.
Jeg svæver gennem gryet med svedige vingeslag. Søger skyggely i mit
inderste dyb, er fanget af en blomsterlokkende duft og en farvepragt
så voldsom, at den blinder mig i morgenstunden.
Vinden kommer og leger tagfat hen over stranden, mellem klitterne og
det vildtvoksende skvadderukrudt, mellem vilde blomster. Den smyger
sig forførende og kølig tæt om din nylig vandopståede, fugtige krop.
Griber solens håndklæde, som tørrer og varmer din salte, dirrende
hud, mens vinden nu leger med strandengens blomster, som endnu er
beruset af morgenduggen.
Jeg sidder på en bænk, nyder solen, der skinner lunt og godt. Er lidt
dvask og doven, mens jeg drømmer om din havvandsvåde krop, og på
grusstien leger gråspurve, solsorte, og ungerne tumler rundt i blødt
strandsand.
Solen har startet sin rejse hen over himmelhvælvingen, skyerne fly-
gter, og varmen stiger fra jorden, mens morgentågen finder sengeleje i
den mørke skov.
Dagens lange timer er talte og forstummer snart, blomsterne og
fuglene følges til ro af nattens dundermørke, hvor selv stjernerne må
kæmpe for at bringe lys.
Natten kommer, er sort og alt for lang, griber om mig og lægger mig
ind i min seng, afventende lytter jeg til stilheden, som altid skriger sin
længsel igennem mine årer.
Månen, som er fuldmoden, rund og hvid, afleverer lidt af sit dunkle
lys. Et urgammelt hav, der i natten stiger, skælver og slår sine fang-
arme mod stranden og stjæler sandet i ly af natten.
En ny dag starter, morgensolen titter gennem ruden, og fuglene sjun-

ger deres hyldest til dagen. Nyder de små sommerfugle, deres svær-
merier og leg fra blomst til blomst.

Sødmefylde blomster nikker solen goddag, våde af sommermorge-
nens dug. Hyllet ind i spind af drømme fra nattens kulde og månens
skumle lys.

Sidder kaffeklar og drømmende om, at du måtte forstå mine inderste
vildfarende tankespind om ensomhed. I længsel efter, at jeg får lidt
mere af livet og dit vidunderlige smil, inden tidens utålmodige tand
bider det sidste af livets tråd over.

Solen skinner lattermild og varm. Kølige skyer på træk beruses af
syrenduften, som fortætter sig i hele Guds natur, og alle de næbbede
fugle synger og kalder den nye dag frem.

I dette røde sommerhus, som rødmer om kap med aftensolen, vil jeg
nyde mine alderdomsdage med min elskelige og vidunderlige hustru,
som blev mig forundt og givet af Gud i hans altoverskyggende kærlig-
hed.

Den søde juletid.

I denne så søde juletid
hvor gaver veksler mellem hænder.
Bekymrer ingen sig om dagens slid
kun om vores familie og venner.

Julelys hænger så flot på gaden
man går og bliver kærlig.
Med julesne på overfladen
ja denne tid er herlig.

Nu daler julesne åh så hvid
man ønsker juleboller varme.
På gaden er der nu myldretid
børn holdes tæt i mødrearme.

På strøget far og mor de går
og kikker på vinduer, der bugner.
Mon de nu osse, alle gaverne når
de klejner smager, som i fedt bruner.

Nu er det hjem, mor skal til at bage
en masser små kager med nødder.
ja stjerner skal laves i brunkagedej
og mor i køkkenet får ømme føder.

Denne travle juletid med de mange bud
hvor man skal skive, bringe og hente.
far igen jakken på ta`r og så det ud
børnene lidt endnu, på julen må vente.

Så er det tid, træet skal nu pyntes
med kræmmerhus, kogler og julelys.
En engel må i toppen, lille Eva syntes
og får af farmand et pandekys.

Snart sidder vi i stearinlysets skær
med hver en dejlig julegave.
Men først julemad og mavebesvær
tog vel` meget gås, til min mave.

Sikken en aften, som nu går på hæld
mon alle fik hvad de ønskede sig.
Vi tænker næppe på det nye års gæld
når bare vi glæder de små, dig og mig.

Nå ja, det var vist også denne aften,
at Herren i stalden blev født.
Det burde vi fejre og det være kraften
og så huske på, hvorfor vi blev døbt.

Du sang af glæde.

I dag du gik og sang af glæde
kun fordi du på mig nu tænkte.
Og dine øjne vådes af væde
da du huskede hvad du fortrængte.

Jeg stod bag døren og lurede
og så dig gå rundt derinde.
Stille du gik og durede
lykkelig over du igen mig finde.

Dine kinder var så sødt røde
og du åbnede igen din have.
Du kastede mig i møde
og gav mig din elskovsgave.

Dit hår i duft var drysset
dine bryster med dugperler.
Jeg dem grådigt kyssede
du holdt mig som tusind snerler.

I hinandens arme vi lå og gav
mens din våde mund du mig rakte.
Jeg kyssede og holdt på din bag
nu du igen din krop mig bragte.

Du kyssede mig igen på kinden
din røde mund som duft af roser.
I sekundet er du som sommervinden
ja! liflig og blød som calvadoser.

End jeg bag de fjerne tåger
nu hører din røst og erkender.
Endelig du åbnede dine låger
og hilste mig med dine hænder.

Danmark, du lille

Danmark, du, som bugter dig i mark og enge,
du kære land, som har været her så længe.
Vi elsker dannebrog og med det tit flager,
mens vi får kaffe med tilhørende kager.

Du er dejlig og aldrig nogen i landet vil klage.
Hov! Hvad var det lige, jeg der sagde?
Nå, men det regner, så hvem mon det gider?
I regnvejr vi slår ben op og på bagdel sidder.

Om Danmark er der vand og fine strande,
men et lille land, med korte afstande.
Af og til andre lande dig gerne vil ydmyge,
så vi hysser, men ikke nu, for her er endnu byge.

Du beskedne lille land, hvor alle elsker at brokke,
dog du formår at tiltrække folk i store flokke.
Også de melder sig i koret og over dig klage,
men tro ej, de smækker med døren og rejser tilbage.

Kære Danmark, smukt indrammet af bølgen blå,
dig vi elsker, og dig vi vores hjem vil bygge på.
Det ældste kongerige i verden, vores aftryk.
Du kan være stolt, rank du blot din krumme ryg.

De fire vægge

Her er mine fire vægge, hvor jeg sidder uden afbrud,
alle de hvide vægge, som er her, ser ens ud.
Her er utroligt trist, stille og slukker ens længsel,
og her går jeg så nu, som var man i fængsel.

Det er til dels et ufrivilligt fængsel, som fugl i bur,
som maser mine følelser og gør mig ofte heldags-sur.
Denne indelukkede følelse er, som når man falder,
gør mig voldsomt utryg, og ingen hører, at jeg kalder.

Næsten sindssyg og utrolig mistroisk er det, man bli'r.
Jeg kan ikke tale med nogen, og ingen hører, hvad jeg si'r.
Føler mig ene i alderdommen, i denne min nutids gravhøj,
men sæt nu, at denne fugl en dag gik hen og fløj.

Det gør fuglen ej med stækket vinge, ta'r aldrig dette skridt,
for min elskede gør, hvad hun kan, for at jeg kan synge frit.
Jeg ved jo, du iler til, hvis du hører kaldet fra mig,
så den dag vil aldrig oprinde, hvor jeg flyver min vej.

Der er dog et lille men: Hvis Gud en dag kalder mig hjem,
så må jeg forlade dig og de fire vægge, hvor jeg sidder hen.
Jeg vil dog vente på dig, der midt mellem himmel og jord,
for vi skal begge følges til der, hvor vores Gud i himlen bor.

Her i huset på ensomhedens gade, som burde ha' været et afbud,
er de fire vægge, og alle ser de ens, triste og kedelige ud.
Ingen mennesker, i løbet af dagen, gider komme herind.
Glæder mig nu, til du kommer hjem med en så befriende vind.

Dig og dit smil

Dit smil får mit hjerte til at banke.
I dine øjne ser jeg en kærlig tanke.
Når du taler, kan jeg høre fuglene synge,
din udstråling får mig altid til at drømme.
Dit væsen er som en romersk gud,
i din sjæl ser jeg Venus, min brud.
Når du er her, føler jeg, stjernerne tændes,
i dit ansigt ser jeg, at mildheden findes.
Din duft, og jeg tænker på vilde blomster,
og i dine arme min frygt helt afsondre.
I dit udslåede hår ser jeg solens farve,
der jeg elsker mit hoved at begrave.
Dit hjerte slår, og mit i takt slår med,
jeg drømmer os tit til et bedre sted.
Når jeg hører dit navn, glædes mit sind,
hjertet svulmer, når du i arme inviterer mig ind.
Dit ydre så smukt og dit indre endnu dejligere,
min kærlighed til dig bliver hver dag anseligere.
Når du spørger, hvad jeg vil med mine digte til dig,
så er det såre enkelt, du er hele livet for mig.

Den kolde vinter

Så hvid den nye sne er og snefnug små,
naturen har nu taget sin frostdyne på
og sover så sødt, som et vinterbarn
ved frostkonens iskolde barm.

De små fugle i vinterens favntag fryser,
de nu kun sommersolen efterlyser,
og de bittesmå sultne maver
sig på kolde dage belaver.

Nu har solen til os taget sin afstand,
den bleg og fornem sidder på himlens rand,
så hurtigsynkende lavt på Guds blå himmel,
at man næsten derved bliver lidt svimmel.

Søens blanke vand har fået skorpe på,
så kold, man kan ej det helt forstå.
En svane sidder så frysende kold,
og det uden en eneste lille fedtfold.

Den lange, mørke vinter nu os truer,
men der er levende lys i de varme stuer,
hvor børnene kommer ind med røde kinder.
Jeg gennem ruden ser mine barndomsminder.

Depression

Da det blev efterår og løvet faldt
hun pakkede sig ind og gik sin vej.
Så hurtigt, man troede det livet gjaldt
ønskede kun fred, for det havde hun ej.

Her var ingen høje råb, eller nogen støj
hun bare ud i nattens mulm og mørke for.
pakkede ingenting hverken sko eller tøj
så var hun væk, på fornuft det ej beror.

Det tit sker for et skrøbeligt og bange sind
at bekymringer, over livets svære lod.
I mørke sind, farer fuldstændigt blind
så i nattetimer ledes og i vand trækker vod.

Depression er uvelkommen og trist gæst
ødelægger svage sind, her betales ej pant.
Den æder alt som er og bliver sjældent aflæst
for her er ingen, advarselstrekant.

Det er sommer

Endelig er det sommer, og solen skinner.
Børnene bare leger og er ude hele dagen,
vi nyder aftenens smukke farveflimmer.
Du dejlige sommer, du er lige sagen.

Man snuser ind, lugten fra en havegrill
i den skønne have med dejlig aftenvarme,
glæder os til maden, lavet over gløder og ild,
alle dog nu med solens røde ben og arme.

Nogle går ture i det dejlige sommervejr,
smukt hånd i hånd og nyder aftenluften,
kikker ind i små haver, ja, næsten familiær,
og der man fornemmer blomsterduften.

Familien nyder sig med kaffe og en aftenøl,
det er rart med selskab, hvor alle er venner.
Her vi hygger, i sommervindens svage køl,
folk på stien går, nogle, vi dog ej kender.

For når sommeren endelig til os finder vej,
ja, så lysner det i både hjerte og sind.
Du elskede kvinde, så lever både du og jeg,
når vi ser solen og lukker sommeren ind.

Digte kan jeg ikke

Digte kan jeg ikke, men måske alligevel,
sætter mig jævnligt hen, helt for mig selv,
og får ord fra hovedet sat på papiret ned.
Jeg ved jo godt, at jeg er ingen ordsmed,
men uanset hvordan jeg ordene forbinder,
skriver jeg de ord, jeg måske så finder.

Ih, hvor er det underligt, siger du og går,
du ikke altid mine skriverier helt forstår.
Jeg kan bare spørge, hvis jeg vil lære noget,
griner du, selv om jeg ej dit digt endnu har fået.
Jeg leder efter de ord, der giver en følelse af fred,
gerne noget om den uovervindelige kærlighed,
men uanset hvordan jeg ordene forbinder,
kun i mit forsvirede hoved jeg svaret finder.

Når jeg skriver, føler jeg mig så dejlig fri,
det er min verden, hvor kun du er indeni.
Ordene fortæller om alt, som er og kan ske,
du, min elskede, er den eneste, der får dette at se.
Papiret ligger så nyt og hvidt, helt uden ord
så endnu ingen digterier på dette papir bor,
men uanset hvordan jeg ordene forbinder,
er det kun i mig selv, jeg digtene finder.

Jeg kender ikke reglerne for dette ordskriveri,
men ordene finder selv ud af, hvad de nu vil si'.
Har efterhånden skrevet hid og did om lidt af hvert,
men føler af og til, at ordspillet er mig lidt for svært.
Ordene søger så selv på det tomme, hvide papir ned,
de samler sig i alverdens ord og på det rigtige sted,
men uanset hvordan ordene sig selv forbinder,
kun inde i os selv vi ordets poesi finder.

Din faste havn

Når tankerne vandre ad mørke flugtveje,
så vil jeg dine mørke tanker afdreje,
hvis din sjæl vandrer hvileløst af sted,
vil jeg være det lys, hvor du finder fred.

Når du søger, vil jeg være din faste havn,
jeg vil altid være lige her, i din agterstavn,
og hvis du havner på alt for dybt vand,
er jeg altid hos dig og hjælper dig i land.

Når hverdagens slid gennemtærer dit jeg,
hvis du af sygdom rammes, er jeg stadig hos dig,
hvis dit hjerte tvivler i stunder, og det dig nage,
vil jeg med kærlighed alle dine tvivl bortjage.

Når minderne er overvældende og piner dig,
så vil jeg give dig trøst og være din tilbagevej,
selvom din verden ikke altid synes særlig bekvem,
i mine arme vil du altid finde de kærligste klem.

Jeg holder om dig, hvis din sjæl er i stor smerte,
ham, der varsomt beskytter dit skrøbelige hjerte,
jeg vil lede evigt, hvis du farer vild på din hjemvej,
vil blot her sige, at jeg er ham, som altid elsker dig.

Du brusende bæk

Bækken brusede af sted mod sin egen
måske hemmelige destination,
klukkede og lo lystigt som små
børn, der bobler af glæde.
Nynnede og sang gjorde den,
så det klang ud over marker
og enge.

Du lille bæk, der er så klar og fuld af
minder, minderne, som engang var.
Solstrejf, der skinner som sølv, og
de smukkeste regnbuer legede her,
og du klukkede og lo veltilfreds
over bare at være til.

Tyst ligger bækken i nattens stjernelys,
nu ler den ikke mere, vandet er væk,
slået ihjel af ubærlig ubetænksomhed.
Drænrør har afledt dit bugtende liv.
Resterne af min smukke, muntre og lystige ven
ligger nu hentørret i en forpint vandpyt.
Jeg græder nu, du fordoms klukkende bæk.

Dommedag

Jeg tror, dommedag er nær, det ligger og slumrer.
På den dag fuglenes stemmer helt forstummer,
havets så vældige bølgebrusen vil da helt tie,
selv vinden vil synge på sin sidste arie.

Alt omkring os vil da blive fuldstændig stille,
og alle mennesker vil føle sig utrolig lille.
Dyrene vil i sine huler sig alle gemme,
fugle flygter til skovens træer uden stemme.

Mennesker bekriger nu hinanden i hele verden,
ingen tænker længere på hinandens færden.
Vi har nu hinanden og jorden aldeles ødelagt.
Vi er blevet advaret og i tidligere tider sagt.

Mens tåberne slås videre, vi andre bare venter,
vi alle inde i os selv nu troen på Gud henter.
Det store brag er nu på vej, og det vil komme.
Den dag er det slut, og jordens dage er omme.

Pludselig, uden varsel, det hele sker, og alt er sort,
vi har sluppet djævlen ud af helvedes mørke port.
Der vil være ild i alt omkring os, i træer og buske
nu er der snart intet tilbage og intet at huske.

Efterårs tåge.

Der hviler over landet en tung tåge,
den hænger tykt, over mark og vand.
Ved havnen skriger en åndssvag måge,
bølgeskvulp høres, fra den øde strand.
Over muldjorden mosekonen brygger,
fasanerne bøvser deres godmorgen.
Stengærdet ved vejen er i stykker,
solen titter i tågen og rejser sig doven.

Det flerfarvede løv nu jorden når
og luften der favner dem så våd.
I tågedisens vemod træerne står
du tabte sommer skaber gråd.

Der er kådhed i bækken, som sig vrider,
imod nattens omfavnende hænder,
den nye kulde som på huden svier
tågeregn, som måske aldrig ender.
larmen når bølge mod strand buldre
og klagesang i fuglenes næbbede skrig,
det er som om naturen nu smuldre
og på jorden lægger sig, som lig.

En ven for livet.

Er nu benådet med en ven for livet
tror ej bedre til nogen er givet
hun fylder livet med megen glæde
og er min ankerkæde.
Fra hende! hjerte og sjæl vil blomstrer
fra hende! kærligheden fremkomster
alting hun med mig i livet har delt
og gjort mit halve liv, helt.
Hun en efterår, vinter, forår og sommer
den der med lykke og romantik kommer
hun er opofrende og en frelsende sjæl
hun er min akilleshæl.
Fælles vi altid har været i livs striden
hun er min trøst i skumrings tiden
hun bragte solskin i min såret sjæl
bragte mig lyset, min lygtepæl.

En digter

En digter er et menneske af Guds nåde,
en digter bærer Gud i sig på den gode måde.
En digter ser hele verden hjemmefra,
en digter altid noget på hjerte har.

En digter vil hos alle mennesker noget finde,
en digter ved, alle sjæle gemmer ting derinde.
En digter finder altid på og blander nye ord,
en digter ved, hvad som i hjerterne bor.

En digter søger altid og vil finde nye veje,
en digter skriver tit ting, som ingen kan greje.
En digter skriver ofte om den svære kærlighed,
en digter digter om livets store besværlighed.

En digter er en, som sætter store følelser i kog,
en digter man ej altid klog kan blive på.
En digter digter bare videre på sin egen vej.
En digter kunne, måske en dag blive dig.

Erantis.

Erantis min lille gule ven
du er dog aldrig for sen
varsler du nu våren ind
her i den stride vintervind
Erantis du smukke liden ven
ser du dog ej det sner igen.

Erantis ja kæk det er du
forårets allerførste deja-vu
gennem sne og visne blade
du spirer og gør os så glade
jo her midt i Januar du kom
kun for glæde er det som om.

Erantis med din grønne krave
frem du titter fra min baghave
at se dig igen er min trøst
det varmer dybt i mit bryst
for under den mørke snesky
bobler nu et lille håb på ny
fra sneens skjul du rejser dig
nikker god dag og kun for mig.

En sommerdag

Se dig om på en skøn sommerdag,
hør de små fugle sjunge om deres sag,
og pris din Gud.
Syng så med dit hjerte og med tunge,
og lad nu tonerne til Himlen runge.

Du kan tage børnene i din hånd.
knyt så kærlighed med de bånd,
og værn om familien.
Tag de dejlige unger en tur til vandet
lad dem træde mellem tæerne strandsandet.

Eller tag en stille stund og åbn en bog,
så dit blod kommer ud af kog.
Et møde med en anden verden,
hvor sindet fyldes af eventyr og fest,
og du kan sige: Jeg har også i verden rejst.

Det siges, at lykken kun er for dem,
der rejser ud og forlader deres hjem.
Sandheden er nok tværtimod.
Det, som gør hverdagen god og med hæder,
er netop dit hjem og de gratis glæder.

Engang for længe siden

Engang for længe siden, hvor mit liv gik nedad,
sad en ung, smuk pige en stille aften og bad:
Kære Gud, jeg har fundet ham, jeg gerne vil have.
Vil du ikke være sød at give mig ham som gave?

Gud elsker hende og sagde hurtigt: Ja, min kære,
jeg sætter jer to sammen, så I livet rigtigt kan lære.
Ingenting jeg vidste, dum som jeg var dengang,
hendes skarpe og kærlige blik mig så betvang.

Hendes smukke øjne, første gang vi var sammen,
mig fuldstændigt betog, og Gud i himlen sagde amen.
Det var ikke hende, men mig, der fik en gave,
et liv med dig vil jeg gerne mig på belave.

Og hvilket liv, vi har fået sammen indtil nu!
Jeg elsker dig bare højere og højere, lille du.
I rigtig mange år har vi nu været sammen.
Tak, elskede, for et dejligt liv i fryd og gammen.

Jeg be'r til, vi stadig mange år sammen vil få.
Tak for to dejlige børn, du gav, det er ej til at forstå.
Du har bare givet og givet, men også været lidt svær.
Jeg siger dig, min elskede, det har været det hele værd.
Vores kærlighed til hinanden skal aldrig tage slut,
jeg har i vores liv sammen intet fortrudt.

Er målet nået?

Jeg troede engang, at jeg var født til noget stort,
kom ikke rigtigt i gang og fik ikke tingene gjort.
Måske begyndte jeg bare at lade som om.
Nu her sent i livet er følelsen så underlig tom.

Nu har jeg ikke længere så mange ambitioner
og skuffes så heller ikke af ødelagte illusioner.
Jeg tager nu bare livet, som det sig nu former.
Erindringsbogen bliver lille, hvis den en dag udkommer.

Men jeg valgte at sætte mine fødder i mine egne sko
og skabte et hjem med kærlighed for mine kære at bo.
Herfra deres liv udsprang, og håbet er, at det må blive godt,
så alt det, jeg for dem har ofret, ikke bliver til spot.

Jeg har kæmpet det bedste, som jeg nu formåede,
det håber jeg, de alle kan se og har forstået.
Der har været rigtigt hårde dage, så kampen blev svær,
men kærligheden, jeg fik tilbage, har været det hele værd.

Jeg valgte at lægge min virke og min kærlighed i familiens skød,
derfor mit højeste mål blev, at de aldrig måtte lide nød.
Og når så alle mine dage på jorden er talte og gået,
vil det være op til dem at vurdere, om mit mål er nået.

For dig

Jeg vil stjæle månen, hive stjernerne ned til dig,
hvis det er, hvad du ønsker og vil have af mig.
Du må få en lille stjerne, som er helt din egen,
hvis du siger, hvor dit hjerte er, og viser mig vejen.

Forårs kåd

På en stille grå regnvejrs dag
kan man få hidsige åndedrag
vædet bluse viser ungpigebryst
og lysterne svirer til hede kys.

Nu solen titter frem så blid
han i favn tar` det unge kid
og bag gærdet med store sten
sidder han nu og kæler pigeben.

Når forårs brunst indtar manden
ja så ryger hele forstanden
og når pigelil nu bliver svanger
så er det for sent med anger.

Glæden

Hvor er det lige, glæden svinder hen,
når den af og til forsvinder?
Gemmer den sig i et andet hjem
og spreder der gode minder?

Jeg kan være alle steder.

Er du bare taget på træk, ud til andre?
Prøver du at finde nogen, som er værdig?
Du, der ikke imod den tager, vil det angre,
da lykken du i livet taber og føler dig færdig.

Hvis du tager imod mig.

Glæden og kærligheden går hånd i hånd,
dem må du aldrig i livet fornægte.
Det er dem, der i livet knytter lykkens bånd,
og derfor mand og kvinde lader sig ægte.

Gud er

Gud har en lærdom, jeg aldrig kan få,
Gud er den kundskab, jeg aldrig kan nå,
Gud er livet, også verdens gang,
Gud er fuglesang og himmelklang.

Gud er i alle skabningers så høje suk,
Gud er himmelhvælvingens blå bugt,
Gud er den store horisonts beretning.
Gud er den tidløse og vise fortælling.

Gud er min inderste sjæl og den forgylde,
Gud lod mig og mit indre sind fortrylle,
Gud lavede mig af jord og visdomsord,
Gud gjorde verden og mig i englekor.

Gud er også i mine mange ord på papir,
Gud er kærligheden og forstår, hvad jeg si'r,
Gud, du må ikke os små mennesker glemme,
Gud, det er jo hos dig, vi alle hører hjemme.

Har hørt.

Har hørt de unge piger
gerne sig ser i spejl
O! la la la de højt siger
nu jeg klar til gejl.

Hvo før var venskabs hjerte
søger de nu fjas og fjant
De Amor ej længere mærke
byes for utugt og glassets kant.

Ham som elske disse pige blikke
ved Amor han behøver ej
kærligheden at beskikke
han har just betrådt sin afvej.

Og hvor trofasthed hærde
er det ej på denne galej
ham sørgelig erfaring lærte
hvad han her fandt duer ej.

Hun står ensom.

Hvorfor står du ensom bette kræ
her på gadehjørnet i kuldevind.
Hvorfor er du ej blandt andre i læ
og hvad gør så bleg din kind.

Jeg aldrig hviler bag mure og hegn
derfor er jeg bleg om kind.
Mig han nu hade som faldende regn
derfor står jeg her i kulde og vind.

Min sjæl er bedrøvet, mit håb forsvandt
og jeg blev så bleg på min kind.
Se månen den har tårer på sin kant
her på gadehjørnet i kulde og vind.

Min elskede den dag tåre i øjet fik
og da blev jeg bleg på min kind.
Jeg har fundet en ny og derfor jeg gik
men endte så her i kulde og vind.

Ak! jeg forlod det bedste man kan få
det gjorde mig så bleg om kind.
Jeg tog en anden, lod kærligheden gå
så nu står jeg her i kulde og vind.

Tiden viste mig, han bare var en sjuft
igen blev jeg bleg på min kind.
Jeg havde mistet min hele fornuft
derfor jeg nu er ene i kulde og vind.

Hader jer

Engang for længe siden kom du til mig,
du invaderede mig, uforberedt og forsvarsløs som jeg var.
Jeg blev voldtaget af dit enormt voldsomme favntag,
og dengang vidste jeg endnu ikke, hvem du var.
Nu kommer du som en tyv om natten, indtager min krop
og øser din varme ud over mig, som stadig er værgeløs.
Du står på lur, når jeg vover mig uden for min egen dør.
Du forfølger mig overalt, og jeg orker det knap mere.
Du tager venner med, som jeg ikke har inviteret, og
I bliver alt for længe uden hensyn til, hvordan jeg skal
kunne klare det i min efterhånden hårdt plagede krop.
Du er en snylter uden nåde, du er en overtager,
du er en mestertyv, ikke nogen ven. Fanden tage dig.
Jeg har nu forstået, hvem du er, du er en verdensødelægger.
Alt, du er i nærheden af, destrueres og brydes ned.
Dine venner forvolder kun ondt, hvorhen de kommer,
sammen er I det værste, jeg har oplevet og har fået.
Gid fanden havde dig! Jeg ønsker, du aldrig var blevet til,
ønsker kun, at jeg aldrig havde mødt dig og din ven.
Du forbandede. Med navnet Sygdom og din onde ven Smerte.
Jeg hader jer.

Hundesnuden

Kære lille hund, med dit altid snusende snudeskaft,
hvad snuser du mon i dag med din snusekraft?
Straks du ud kommer, din snude i jorden bøjes til.
Er det snuden, som selv bestemmer, hvad den vil?

Duftedyr, din snude fyldes af blomstersød duft,
og den vejrer i den lugtfyldte klare morgenluft.
Snuden farer hid og did, op og ned, ja, alle vegne,
den følger kun lugtene, pas på, du nu ej vil segne.

Nu er snuden i hækken, og den er vældig lang.
Din snude forstyrrer hækkefuglens morgensang.
Mon din snude lever eget liv og gør, som den vil?
De mange dufte i luften den bare trækkes til.

Åh, du søde og dejlige lille hund, du duftedyr,
lugter du i luften, tændes lampen i dit duftefyr.
Så er du hundeglad og fuldt ud dit liv lever.
Maden får du af mig. Ja, du har det som grever.

Huset på marken

Ude over marken fyger den nyfaldne hvide sne,
man kan i blæsten næsten ikke det lille hus se.
Her venter nymfen på sin berider i lysets skær,
lagnerne sirligt lagt, venter på sin hjertenskær.

Hun synes så smuk ved stearinlyset, så bløde glød,
længsel og varme brænder som ild i hendes skød.
Du utidige længsel, som sniger sig i mørket frem,
her står hun i stuen uden klæ'er og venter på ham .

Lyset fra en ovn omfavner hendes smækre krop.
Ku' han se hende netop nu, havde hjertet sagt stop.
Hun drejer sig i brændeovnens dansende røde lys,
i spejlet hun sig ser og tænker på hans hede kys.

Sneblæsten hyler og farer om marken rundt,
en lang venten for en varm, villig pige er ej sundt.
Hun skæver til sit redte sengeleje med ild i sit blik.
Kære du, jeg savner så meget den ting, jeg sidst fik.

Når længsel er så stærk, sjældent den indfriet bliver.
Hun nu ene i sengelejet efter sit vejr hurtigt hiver.
Og tit, når det spidser til, man selv må øjeblikket vinde.
Når snevinden stjæler berideren, er elskov svær at finde.

Hvorfor nu det?

Kærligheden afløses af vrede og sorg,
mine tanker hober sig op som en borg.
Du gemmer dig nu i dit indre hus,
jeg vil ha' dig fri, ud af dette gale brus.

Har jeg kræfter nu til at ændre dit valg?
Jeg er i sorg og må måske tage mit fald.
Jeg vil rejse mig igen, det er min vane,
vil ikke ud på en isbelagt glidebane.

Det, der nu hænder, kan ikke gøres om,
du vil føle dig trist og frygtelig ensom.
Nu er det op til dig selv at erkende,
er dit valg rigtigt eller den bitre ende?

Du har en god mand og de dejligste børn.
Vil du miste dem for et blændværks hørm?
Ja, jeg kan godt blive ked og lidt vred,
fordi du bare smed livet og skred.

Du har så meget godt her, hvor du er,
utroligt, at du nu ingenting ser.
Hvad med al den smerte, du forvolder,
når du bare på dette uvæsen fastholder?

Du går selv i stykker, helt og indeni,
dette ubetænksomme sætter dig ikke fri.
Børnenes bliver ødelagt, deres liv utrolig svær.
Syntes du virkelig selv, at det er det værd?

Min elskede med det så varme smil,
dine ture er bare en rejse i eksil.
Her du ingen lykke vil kunne finde, min skat,
kun ulykke og den mørkeste nat.

Jeg ved godt, der i dit indre er orkaner,
det gør mig mere ondt, end du aner.
Jeg ved også, at denne rejsetørn
ikke er det bedste for dig og dine børn.

Du fortjener så meget mere end det.
Tal dog med Gud på dine knæ og bed.
Jeg ønsker for dig kun et godt liv og stor lykke,
ønsker, du ku' se, at dette er et teaterstykke.

Vi elsker dig så højt, både børn og jeg,
ville aldrig kunne bære, hvis vi mister dig.
Tag nu og tænk dig om og bliv herhjemme,
nyd alt det du har, så vil du ham glemme.

Hvad er et hul?

Hvad er mon et hul,
er det bare et nul?
Et nul er jo slet ingenting,
men et hul kan vi jo ikke beklikke.
Jamen hvis ikke noget er et hul,
så er det jo nødvendigvis et nul,
og så er der jo ikke noget hul.
Altså nu har vi et hul,
så kan det jo ikke være et nul.
Når man kikker derned, er ingenting,
eller også jeg intet om det ved.

Hvis jeg

Hvis jeg turde tro,
ville jeg måske kunne eksistere i livet,
men jeg rystes i min grundvold
af livets mange blændværk.
Jeg kunne bryde ud, bryde op, bryde ned,
kæmpe mig til opmærksomhed, ha, ha,
måske skimte lidt lys i skyerne.
Indre kræfter kunne bekæmpe tankerne,
tankerne er jo bare tabte illusioner.
Hvis jeg havde lidt hjernekapacitet,
glemte jeg alle de naive tankespind,
glemte livets skide blændværk.
Men hvem kan glemme livet?

I Bussen – Et erotisk digt

I dag står hun der igen, lidt ved siden af stoppestedet
i tynd sommerkjole, håber, hun ej får plads på noget sæde.
Han placerer sig igen foran hende, en indebrændt lyst,
i presset af mennesker mærker han hendes bare bryst.

Hun står bag ham som på sidste morgentur, han tog,
når bussen drejer, hendes tunge bryster presses mod.
Hans bluse er nu våd af sved, og åndedrættet går i stå.
Den første tanke, han får: Har hun monstro trusser på?

Bussen slingrer voldsomt, og folk presses sammen i tryk.
Hun mases mod ham, hendes bryster klemmes mod hans ryg.
Han fornemmer nu i det tynde tøj, hendes brystvorter vokser,
hendes varme ånde og sensuelle duft gør, hans hjerne nu kokser.

Han mærker sit lem blive stift, mens han indånder hendes duft,
nu så optændt af brusende brunst, at han næsten ikke kan få luft.
Bussen stopper, hun kanter sig forbi, og han griber om en balde.
Han hører hende gispe, men tør intet sige eller på hende kalde.

I solen han ser, hun under kjolen er ganske bar, og baldernes omrids.
Tankerne kredser kun om hendes krop i hver eneste lille nervespids.
Det sidste, han ser, er, hun hen ad gaden går med bølgende attributter,
og gennem den tynde kjole hendes popo, der vipper og strutter.

I minde om Anja.

Så er det morgenmad, du slunken mave,
den halve nat, i kroppen den gnave.
Brummen og boblen kun høres,
så nu skal brødet, dælme smøres.

Tykt tøj og de store gummi støvler på,
min lapper, med sine brune øjne så.
Hen på bøssen, som nu står klar
vuf vuf den gør, kom nu far.

Å du apporterende mester,
jeg igen mit lid, til dig fæster.
Du gladeste, af hunde jeg kende
er min nærmeste hundefrænde.

Altid fra den tidligste stund
smilet er om din hundemund.
Du glæde, mig daglig bringer
selv, hvor mit humør svinger.

Når jagt tøjet igen tages frem,
du hopper og springer min ven.
Altid til jagten, klar du er
igen vil du vise mig dit vær.

Ude på marken, din snude går i jorden,
fra remisen og ned til fjorden.
Fugle du letter i massevis
derfor jeg på dig, sætter så stor pris.

Bedste og klogeste jagthund jeg har,
når du med milde øjne kikker på far.
Jeg mildnes helt ind i hjertekulen
og varmen breder sig i brysthulen.

En morgen du ej stod og var klar,
med tomme øjne, du stirrede på far.
Du var gået til hundehimlen hen
hvor jeg dig savner, min elskede hundeven.

I et hus på landet

I et hus på landet, op ad en stige,
her bor der en lille, sød pige.
Sidder tit i vinduet og kikker ud
og sender med små fugle bud.
Hun er vældig syg og meget ked,
men hendes tanker flyver tit af sted.

Folk på gaden blot går stille forbi,
ingen lader til at mærke hendes svie.
Solen kærtegner hendes ansigt blidt,
men hendes legeme er helt nedslidt.
Hendes lille hjerte flyver tit afsted
og oplever land og rige og stille fred.

I et hus på landet, op ad en stige,
en dag hun forlod det lille rige.
Men folk går stadig bare forbi,
ligeglade, de kender ingen svie.
Hun ej længere iblandt os er,
hendes sjæl fløj fra stedet her.

Nu flyver hun, helt fri for tremmer,
og ser verdens vidunderlige kamre.
Hendes sjæl blev hentet af en engel hvid
til Guds rige for der at være til evig tid.

Jeg ved, du bliver rask

Når du har ondt og vender ryggen til verden,
når du kun mørke ser og farer vild i din færden,
må du lære at komme verden i møde igen.
Pas på dig selv og lær at gi' dig til den hen.

Når dit liv er fyldt med stress og jag,
lær at trække stikket ud og slappe af.
Vi er mange, som bærer dig i vores tanker,
og lyden, du hører, er livet, som på banker.

Når du er fanget i dig selv og blevet dybt rystet,
så husk, at Gud er der, bare du bærer
ham i brystet.

Når livet gør ondt, og den er gal i toppen,
alt bliver besværligt, og det gør ondt i kroppen,
så elsk dig selv, lige meget hvad andre mener,
tro på, at du er vidunderlig, en ener.

Hvad er det værste, som der kan ske?
At du nu tror på dig selv og begynder at le,
ser lyset igen, og livet banker på din dør.
Lev livet, som du tør, bare ikke som før.

Tro på Gud, tro dig selv, tro på din næste,
tro på din familie, det er for dit eget bedste.

Med troen på, du bliver rask.

Jeg ønsker tit

Jeg ønsker så tit at sidde ude ved vandet,
her kan man tænke på livet og andet,
ingen stress, ingen jag, kun tankerne her bo,
se solens nedstigning i havet, det giver mig ro.

Ingen vind, havet snart sover, det er stille aften.
Jeg elsker at sidde her og bare suge af kraften
fra urhavets snorken og solens søvnige gab,
så glemmer jeg det onde i verden og dens galskab.

Øjnene er våde, for her man sjælen virkelig når,
bare sidde her, mens bølger mod stranden slår.
Synet er så smukt, men kan ej helt beskrives,
det er et Guds under, som til os alle gives.

Jeg tænker ofte på dette vidunderlige sted,
for mig er det lykken, her findes den indre fred.
Mærker varmen i hjertet, ser solnedgangen gro.
Så kan jeg igen klare livet, på det jeg vil tro.

Juleaften i vente.

Varmen fra huset ene ovn
luner i stuen
og flammerne bølger dovent.

Der er nu sne i den kolde luft
og mørke skyer
fornemmer nu næsten juleduft.

Folk fryser og pakker sig ind
i varme frakker
og iklæder sig lidt julesind.

Husene pyntes nu op med både
lys og små julenisser
og børnene om det ivrigt råde.

Man hygger sig med jule sødt
søde appelsiner og nøder
julemanden har ingen endnu mødt.

Familien sider og klipper julehjerter
og børn leger ude i sneen
mens mor tænker på jule deserter.

Kalenderlyset brænder dagene bort
og julegaverne i hast købes
så af lommen kommer tit købekort.

Så endelig juledagen oprinder
god mad og gaver til små
alle i huset nu julefreden finder.

Kalendergaven.

De hænger der på silkesnor
24 styk jeg næsten tror
siger lille Peter
til sin søster.
Gaverne lyser op i natten
bare de ikke nås af katten
tænker Peter
inden søvnen kommer.
Hver dag har sin pakkeglæde
ingen roligt sidder på noget sæde
men først morgenmad
og børste tænder.
En to tre, så er det nu
pakker rives ned og papir itu
glædessmil hos ungerne
høje råb fra lungerne.
Det var den sidste og det på dagen
hvor mor er i gang med julebagen
og alle spændt venter
på aftenens kommen
det er jo nu, julemorgen.

Kritikeren.

Jeg tror jeg vil prøve, at skrive et digt
jeg skriver bare, hvad jeg i hovedet fik
ordene de bare vælter ned på papir
så nu står der, hvad hjernen sir`.

Øj det bliver godt, jeg selv tror
men det, på en kritiker beror
hvad er en kritiker for en karl
jae et individ, som intet selv kan.

Han kikker på papiret ned og øvler
mumler noget, om gamle støvler
jaa det jo ikke, som det der var engang
og så kører, den evige samme sang.

Digte er jo kuns tanker sat på papir
hvordan kan det være galt, jeg bare sir
joo det jo noget med, det der sprog
ja du sku` ikke selv for klog.

Hvorfor skal det gøres, som de andre
hvis nu jeg i hovedet, har andre tanker
jeg er jo ikke kendt, nok derfor noget lort
når det er fra kendte, er det ih så velgjort.

Siger kæmpeklovnen og ser å` så vigtig ud
jeg burde sku` stikke ham en blodtud
det er dælme da, de samme ord vi bruger
og mit papir, de samme ord sluger.

Ordene jo bare sættes forskellige steder
og mine ord, jeg ved andre glæder
så pak du din kloge eftertænksomhed
du kritikker, som alligevel ingenting ved.

Krukken

På en hvid mur hænger en smuk lille krukke,
til den vi dejlige blomster ville gå at plukke.
Jeg vil dog her fortælle, at vi ej fik grund til dem at hente,
disse markens blomster kommer nemlig til at vente.
Svalefar har nu kik på den smukke krukke,
han vil i verden sætte Svaleunger så smukke.
Her vil han elske med sin skønne Svalemutter,
han allerede af faderstolthed sidder og strutter.
På krukkens kant har han bygget sit lille hjem,
hvor ungerne nu i lune dun ligger gemt.
En smuk, rund og så fin lille Svalerede,
hvor ungerne ligger dejlig varmt, langt nede.
Svalefatter flyver mange gange om dagen,
at have Svalebørn er for ham lige sagen.
Han kommer flyvende med insekter i sit næb,
Kikker, om der skulle være fjendefugle på slæb.
Når kysten er fuldstændig sikker og klar,
kommer han strygende, den stolte Svalefar.
Åh, han pipper, se de dejligste små unger
med deres åbne gab og gule fugletunger.
Det må være de smukkeste unger i verden.
Svaleparret vil hjælpe dem i deres færden.
Jo, smuk er den krukke, hvor den nu sidde
heldigvis den blev brugt til en Svalerede.
Og hvilken skøn glæde, at vi ikke gik glip
af fire søde Svaleungers pip.

Kærligheden er størst.

Alle skal vi jo leve sammen
derfor, vi alle må forstå.
Elsk din næste, hvem det så er
dine følelser du vise må.

Vi har alle behov for kærlighed
og en smule forståelse.
ellers bliver man bare ked
og står med forsmåelse.

Kærligheden overskygger alt
er den største kraft på jord.
Uden den, var vi slet ingenting
og vores sjæle fra os for.

Kvinden

Når jeg tænker, hvad er dejligt i verden her,
må det være, når jeg dine bryster ser,
og når man får lov at lege med dem,
så er skæbnen ved mig alligevel ikke så slem.

Din mave er blød, rund og feminin,
hvor er det dejligt, du er min.
Din smukke bagdel er betagende og hvid,
men jeg ser den bare i alt for kort tid.

Dine lår, som er så vidunderligt silkebløde,
når jeg dem rører, det mit liv kan forsøde,
og dine knæ, som jeg tit og ofte ser,
de er så søde, når de til mig ler.

Og så er der dine lidt underlige tæer,
de er nu søde, og dem har jeg også kær.
Ja, hele du er så dejlig og forunderlig.
At du er min, gør mig så ufattelig rig.

Tænk hvis alle en som dig fik i gave,
så behøvede de ikke efter andre at jage.
Livet ville da for de fleste være
uden de mange sorger og lettere at bære.

Kære lille barn

Kære lille barn, du vil en skønne dag
møde den hårde verden, og det bliver din sag
at blive voksen ligesom din mor og far,
og at finde rundt i livet al din tid nu ta'r .

Kære lille barn, du mange spørgsmål vil stille,
og du vil ved alle svarene lytte og pille,
du vil søge det lys, som for dig giver besked
om alt i verden, især det om kærlighed.

Kære lille barn, en dag du kærligheden vil finde,
da vil du opdage, at du på dit jeg må linde.
Men du vil være sikker på det, som du nu tror,
at kærlighed er størst, større end noget på denne jord.

Kære lille barn, du vil se, at livet er en prøvende ting,
der skal bruges mange kræfter, før du kan se derind.
Det kan være dyrt at erfare, men du må det lære,
kærlighed kan være svær, især for dit hjerte, at bære.

Kære lille barn, du vil en dag forstå din mor og far,
hvorfor der i livet både gives dig, og hvorfor nogen ta'r.
Forældre vil dig kun det allerbedste og hjælpe dig lidt på vej,
husk, de er jo dem, som altid uden forbehold elsker dig.

Livet i myretuen

Livet for en lille ny myre
kan være meget svært.
Der er så mange ting, som
den skal have lært.
Blandt andet at hilse
på alle og enhver
gør det ekstra svært.

Hej, hej, hej, hej, hej, hej
hej, hej, hej, hej, hej, hej,
hej, hej, hej, hej, hej, hej
hej, hej, hej, hej, hej, hej
hej, hej, hej, hej, hej, hej.

Hold kæft, jeg kommer sgu
aldrig ud fra denne tue.
Går i seng igen, siger bare,
at jeg har fået snue.

Lykken vendte sig.

Den dag lykken vendte sig
og man blev i støvet trådt.
Overalt spotter afskum mig
og venner har mig forrådt.

Når æreløse nidding presser på
nu næsten alle har sviget mig.
Og de helst se min hæl end tå
så er livet ej længere nogen leg.

Hvor jeg fordums gik i glæde
smæske utyske sig i smerten.
Hvor jeg før havde mit sæde
står nu kun tilbage to kerter.

Men det skal nok åbenbares
hvad jeg har tænkt så tit.
At godheden ofte spares
for de som allermest har lidt.

Thi smerten er kun vrangen
af livets tykke klædedragt.
I det høje synges glædesangen
og der du igen får lykken bragt.

Livet er svært

Hvorfor er livet så forbandet svært?
Det tager så mange år at få det lært.
Og når du så endelig har fået det lært,
er du så gammel, at det bliver svært.

Du starter som lille og spæd,
har absolut ingenting med.
Du lærer af forældre til at tage med.
Hvem husker noget, fra de var spæd?

Man lærer først på egne ben at stå
og så alt det, som man ikke må.
Er der noget i den alder, man må?
Ja da, helt alene at stå.

Så bliver man ung, og modet kommer igen,
finder pigen, som man tager med hjem.
Forældre siger: Ingen døre lukkes i vores hjem.
Sure miner, tager tøsen og går igen.

Endelig gammel nok, og nu man flytter
for sig selv, her er ingen, der dig aflytter.
Jo, naboen med øret mod væggen mig aflytter.
Tror sgu, jeg pakker igen og flygter.

Nu skal man så lære kvinden, det er bare svært,
det tager mere end et helt liv at få det lært.
Kvindens inderste væsen, det får du aldrig lært,
der findes ingen væsener, der gør livet så svært.

Nu skal det prøves, ud at finde unge kvinder,
lære om erotikken, hvis altså du nogen finder.
Vidunderligt, når man deres rigtige steder finder,
og de bjergtoppen når, disse skønne kvinder.

Vokser, bliver gift og får sig nogle børn,
så skal der igen tages en ordentlig tørn.
At selv få små er nok livets største tørn,
det er absolut ingen leg at få de dejlige børn.

Nogle bliver skilt, og nogle bliver sammen,
De, der skilles, oplever ingen gammen.
De, der i kærlighed bliver, får fryd og gammen,
og livets lyksaligheder de nyder sammen.

Hvorfor blev livet så forbandet svært?
Hvorfor tog det så mange år at få det lært?
Og nu, hvor du så endelig har fået det lært,
er du blevet så gammel, at alt igen bliver svært.

Lykken

Måske er lykken rundt om hjørnet her,
den kalder kanske fra et sted derude.
Hvis du åbner øjnene, måske du den ser,
den kommer ikke med de røde postbude.

Lykken kan være alle steder, så bare smil,
men har du alt for travlt og den jager,
kan du ende med at løbe mil efter mil,
og derved du den aldrig smager.

Lykken kan være i en blomst og stille regn,
findes overalt, hvis dit sind er åbent.
Mærk altid efter, og vogt på dens tegn,
ellers suser den forbi som hos tåben.

Hvor er den så, denne forunderlige lykke?
Kan i årevis ligge i dvale og bare vente.
Behandl den varsomt og ikke den trykke,
for kun hvis du er rede, kan du den hente.

Mons tro det er sandt.

Mons tro det er sandt man siger
at fugl i hånd skulle være bedre.
For ti på tag gør ingen rigere
men en i hånd dog lidt forbedre.

Fra børn og fulde folk høres meget
er det så virkelig sandhed.
Eller er sandheden kun afbleget
fordi de så lidt ved.

Fej for egen dør før de andres
gamle koste fejer måske bedst.
Fej så nu, at det virkelig ses
brug da de prøvede allerhelst.

Gammel kærlighed ruster ikke
og ingen roser uden torne.
Ung kærlighed kan ej beklikkes
roser uden torn er tit forlorne.

Hvad du ikke ved gør ej ondt
er græs grønnest bag anden hæk.
Jeg ved sladder ej er sundt
og på anden side tit, livet blir væk.

Min støtte.

Du er min støtte i livets alvor
du på vores kærlighed altid tror
du vogter den ånd, hvor vi bor.

Tit er du fyldt af kærlig skønsang
tit du mindes da vi mødtes engang
tit huskes, vi om hinanden hang.

Jeg erindre vor ofte jag strøg din kind
jeg glædes altid over dit så milde sind
jeg priser dagen, du i mit liv kom ind.

Minderne

Nogle gange, når man stille sidder med sin kaffekop,
kommer minderne, tropper alle sammen op.
Stærke følelser bruser frem, vækket til live igen.
Man sidder ellers bare helt stille i sit eget hjem.

Det kan være om tiden som barn, jeg mindes.
Der var tab, som aldrig igen nogetsteds findes.
Dengang syntes himlen altid blå og ikke en sky.
Sorte dage var, nu ribbes op i gamle sår på ny.

Bedst som jeg nyder vejret, måske gående en tur,
dukker alle disse minder frem fra sit skjul på lur.
Omend skønt vejret er dejligt, hvor solen skinner,
dukker de igen frem, nogle af de andre minder.

Åh, disse minder, hvor er der dog mange af dem!
Ikke dem alle jeg ønskede, hos mig havde et hjem.
De gode må gerne hos mig bo og for altid bli',
om de grimme og dårlige vil jeg ingenting si'.

Minder kan komme, mens jeg sidder og hygger mig,
det kunne være dem om tiden sammen med dig.
Et er sikkert, de kommer, mens jeg er helt uforberedt,
mange, både de gode og onde, som min vej har ledt.

Månelyset

Mørket sænker sig smukt
ned over landet.
Og jeg tænker på
dig, blandt andet.

Ser dig som en silhuet
i det fjerne.
Og drømmer om, at jeg
er din stjerne.

Månen lyser smuk og klart
ned over dig, min skat.
Du er så smuk i det lys
hver evig eneste nat.

Kan man andet end elske
sin dyrebare skat,
når hun ses i dette månelys
denne nat?

Morgenstund.

Stille min elskede hund,
tyst vi må træde vi to.
En fasan er på skovens bund
her i morgentimens ro.

Stille er skoven og ingen vinde,
tavs er denne morgenstund.
Kun kilderne klukker, hvor de rinde,
blankt over skovens bund.

Månestrålerne glimter og spiller,
just mellem bladene frem.
Og hen ad skovstien stille
lister en hind med sit lam.

Høgen i himlen der oppe,
svæver på sin vinge bred.
Højt over trækrone toppe,
skuer den med øjet ned.

Stille hund, må vore skridt linde,
og være tyste begge to.
Måske sover en elverpige herinde
i skovens morgentyste ro.

Malerdrømme

Farveladen springer på mit lærred op,
penslen danser med sin helt egen krop.
På lærred blandes tanker og drømme
i alle regnbuens mange farvestrømme.

Penslerne af bare vildskab og iver dirrer,
mens alle på staffeliet står og stirrer.
Familien bliver skræmt fra vid og sans.
Stop de vilde farver, jamen så stands!

Hele værelset i farvebrus nu gynger,
maleren i sin egen verden højt synger.
Nu skal her dælme males rødt og grønt,
nej, alle farverne, hvor bli'r det skønt.

Maleren synes selv, det er umådelig flot,
sutter eftertænksomt på sin tommeltot,
mens han peger, og de andre fingre stritter,
på lærredet, hvor de mange farver glitrer.

Men alt det sjove jo altid engang ender,
og nu da morgensolen fra vinduet sender
sine stråler ind på lærredet, som er i rummet,
er malerens munterhed nu helt forstummet.

Farveladetubernes farver er nu helt lukket i,
penslernes vilde dans er helt og aldeles forbi.
Nu kom bedømmelsestimen for farvestrømme,
men ingen det kunne li', og slut er disse drømme.

Min kære hustru

Åh jo, du kan være så sød som honning,
så sød som blomsternes sødeste nektar,
og ja, du er også min elskede dronning.
Når du kalder, er jeg som bierne altid klar.

Du er blomsternes vidunderlige farvepragt
og træernes stille hvisken i sommervinden,
du er den, om hvem poeterne i tusinde år har sagt
i deres kærlighedsdigte "min gudinde".

Du er mildheden i en stille rislende bæk,
din stemme er lyden af himlens engleklang,
du er familiens beskyttende bøgehæk,
om dig vil altid synges en kærlighedssang.

Du er alt det, man kan ønske sig her i livet,
og bærer kærligheden fra Gud i din ånd.
Du er den, som i kærlighed blev mig givet,
derfor jeg altid elsker at holde din varme hånd.

Morgen igen

Morgen igen, strækker min gamle krop.
Hold kæft, hvor er den tung, gider ik' stå op.
Den knager og brager, er den mon syg?
Mærker, mine skuldre er tunge som bly.

Vipper et par gange, og så' det dælme op.
Ud af sengen vælter den blytunge krop,
vakler på tynde ben, skal ud at tisse,
farten bliver ej mere end at trisse.

Så' det tøj på, men kan ikke nå mine tæer,
kan ikke nå ned. Hvad sker der lige her?
De er sgu længere væk, end de var sidst.
Ryggen vil nu ikke bøjes, det er dælme trist.

Jeg føler mig sgu ældre, end jeg var i går.
Mon jeg nu osse resten af livet når?
Tidens tandhjul drejer for hurtigt rundt,
jeg tror faktisk slet ikke, det er sundt.

Nå, skidt med det, nu er det op at stå igen.
Vakler på usikre ben til kaffemaskinen hen,
fat i maskinen, og sætter lidt kaffe over.
Nu' det dælme min arm, der sover.

Hvor er jeg skidetræt, mon jeg sofaen kan nå?
Kom nu! Får de tunge, stive ben til at gå.
Den gamle, trætte krop når sør'me helt derhen.
Hold kæft, hvor er det godt at sidde ned igen.

Er jeg virkelig allerede blevet gammel og stiv?
Fuck, det går hurtigt, dette lånte liv.
Kroppen er næsten fuldstændig ude af drift,
på den anden side er der da noget, der er stift.

Nå, nu er kaffen klar, og så' det op at stå igen.
Håber bare, den stive krop når helt derhen.
Hold da kæft, hvis jeg vælter som en stander
og vækker konen, er det sikkert, hun bander.

Vakler tilbage til sofaens alt for bløde hynder,
kan høre, hvordan kroppen den højt stønner,
nyder kaffen, som dufter og er dejlig varm.
Skulle man snige sig ind og gribe fruens barm?

Tænker på, det er endnu kun morgenstund,
og jeg er kun nået til kaffen i min mund.
Der er en hel dag, der venter med sin sang,
Så, du gamle krop, nu' det op og så i gang.

Når natten kommer

Nu natten kommer, og himlens lys skinner over by,
og disen lægger sig over både engen og mosen på ny,
når vi alle ligger og sover bag de nedrullede gardiner,
så fødes en ny dag, som ingen af os endnu kender.

Bag disens port ligger en ny verden, ukendt af mange,
derfra de nye dage fødes i nattetimerne så lange.
Det er også herfra, drømme, eventyr og sagaer blot
henter både elverfolk og feer til eventyrets slot.

Hvis du vover en vandring ud i nattens skumle dis,
så ser du måske eventyrportens gyldne omrids,
og tør du give helt slip og entre disse gyldne døre,
opdager du snart, at dit voksenliv nu vil ophøre.

Bag portens døre findes barndoms eventyr og drømme,
med barnets øjne vil du fantasien opdage og se ting så skønne.
Du vil opleve en ny, smuk verden, og nu bliver det vildt,
der er drømmene nemlig virkelige, og rejsen er ej spildt.

Her vil du glæde og lykke mærke, dybt i din sjæl og i dit sind.
Når børnene her lægger hånden i din, vil tårerne trille ad din kind,
så vil du vide, at glemmer man barndommens glade dage og åbne sind,
så forsvinder eventyrets verden, og du kommer aldrig mere herind.

Noget skriver man om

Noget skriver man om, fordi det gør forbandet ondt.
Noget skriver man om, fordi det er, juhu, så sundt.
Noget skriver man om, fordi det er så vældig godt.
Noget skriver man om, fordi det nu ikke er så flot.
Noget skriver man om, fordi det er så utrolig smuk.
Noget skriver man om, fordi det udløser smerte, suk.
Noget skriver man om, fordi det er det, som man ser.
Noget skriver man om, fordi det alligevel aldrig sker.
Noget skriver man om, fordi det er vidunderligt.
Noget skriver man om, fordi det er så utrolig slidt.
Noget skriver man om, fordi det er dejligt med erotik.
Noget skriver man om, fordi det er den dag, drømmen gik.
Noget skriver man om, fordi det er så stor kærlighed.
Noget skriver man om, fordi man bare bliver led og ked.
Noget skriver man om ......

Når natten

Når natten lukker vores trætte øjne i,
og stjernerne nynner nattens melodi,
så kysser vi dagen et godnat, sov godt,
putter os under dynen i vores eget slot.

Nu sover alle de små med barnesind
og lukker eventyrets søde drømme ind.
I sengen de ligger så sødt og visseluller
og nyder dagens sidste filmruller.

Nu fløj så dagens sidste tanker bort,
de rejser gennem drømmelandets port.
Prinsesser og prinser rider over engen,
mens englene spiller på harpestrengen.

Elverpiger i skoven, som byder op til dans,
de danser, til solen står op i stråleglans,
og nisserne farer rundt den hele lange nat,
de leder efter eventyrkongens glemte skat.

Et sted ude i mørket der tuder nu uglen,
og nisserne ryster med forvandlingskuglen.
Det er de særeste ting, som i drømmelandet nu sker,
men husk, det er kun i drømmene, du kan være her.

NÅR !!!!!!!!!.

Når glæden bliver til stor sorg, og sorgen bliver ubændige smerter
Når dine drømme bare skrider, og du i hjertet det mærker
Når natten kommer, og dagen går på hæld
Når man ikke længere tør tro på sig selv
Når tabene vokser, og alle årene går
Når der sker noget ondt, som man ikke forstår
Når du i lang tid er væk og på mig ej længere ser
Når tankerne siger, at livet ej leves mer
Når livet lys sættes under en skæppe
Når du prøver hårdt, og du når det næppe
Når alting er næsten håbløst og uden mål
Når alt alligevel brænder væk i et knitrende bål
Når du længes efter kærlighed og varme
Når stilheden bare bliver ved med at larme
Når glæden bliver til sorg og sorgen til høje råb
Når kun Gud i himlen er kærlighed og dit sidste håb.

O jægermand.

O, at være jæger i morgenstund
tykt tøj og de store røjser på
op endnu inden solen blir rund
og nu du agerren betræde må.

Til stor glæde for dig og din hund
når den vilde natur på jer kalder
og jæger hjertet vågner i stille stund
da går både du og hund, uagtet alder.

Samtale med Gud

Hvorfor er du trist, kære ven?
Ved ej, hvor livet gik hen.
Du har da alt, man kan begær'.
Synes ikke, det lige er her.

Dine børn, dem elsker du da.
Til det kan jeg kun svare ja.
De vidunderlige børn, de gi'r da glæde.
Når de for længe er væk, føler jeg lyst at græde.

Din kone, som jeg til dig gav som gave.
Ja, hende jeg elsker højt. Hun er min have.
Jamen så plant kærlighed, se den gro.
Jeg prøver og prøver, det må du tro.

Jamen hun skal mærke dig, min ven.
Jeg gør, hvad jeg kan, igen og igen.
Du skal kramme og holde fast.
Jamen hun flytter sig tit i hast.

Hvad savner du da, min kære ven?
At hun hos mig var lidt mere igen.
Jamen hun er der jo morgen og aften.
Synes bare, jeg har mistet kraften.

Hvad så med dit nye hus?
Ja, det skulle ha' været sus og dus.
Jamen glæder du dig så ikke derved?
Jeg står op hver dag og er bare ked.

Jeg gav dig livet, så nu ikke krukke.
Det var dejligt, til sygdom det ville slukke
Jeg hjalp dig, så kræften kom væk.
Jeg føler, som er livet snøret i sæk.

Du skal nyde livet og det, du har fået.
Jeg vil prøve, men føler mig slået.
Så vil jeg hjælpe dig, min kæreste ven.
Nu er jeg sikker på, at livet bliver godt igen.

Sov nu sødt.

Lille kære barn sov nu sødt
natten bliver helt din egen.
og i morgen er du genfødt
engle følger dig på vejen.

Englene passer på dig min skat
nu kom drømmen til din seng
guds engel ved din dør står i nat
og holder den lidt på klem.

Naboens hund i haven er løs
og snuser godbidder
men sov du blot min tøs
en engel stadig hos dig sidder.

Alle musene sover i deres bo
drømmer om ost og krummer
i stuen er ej megen ro
en flue hidsigt summer.

drømmen tar` dig nu til det fjerne
den bærer dig til drømmeland
måske sidder du nu på en stjerne
i morgen vi igen ses og lege kan.

Savn

Jeg ser i dine øjne, at du er rigtig ked,
jeg ser i dine øjne, at du lider derved.
Hvis jeg kunne, ville jeg hjælpe dig,
men du valgte ham selv og skred din vej.

Jeg kender din sorg og dine tunge tanker,
kender de følelser, når de hos mig på banker.
Nu græder du de salte tårer i sorg, min ven.
Var du blevet her, ville jeg ha' fjernet dem.

Du lider skrækkeligt, det kan jeg dog se.
Dit hjerte er bristet i gråd, og kun jeg det ve'.
Fordi du valgte at gå den helt forkerte vej.
Du skulle være blevet, så ku' jeg ha' hjulpet dig.

Hvorfor valgte du så tåbeligt og håbløst liv?
Her du hjælp ku' få, men du valgte et alternativ.
Han har nu forladt dig, som du også forlod mig.
Jeg prøvede. Fortalte dig, at kærlighed er ingen leg.

Skrald

Papirkurv, losseplads og skraldespand,
alt det overflødiges smide-væk-land.
Her vi dumper det, som ej passer os mer',
og bunkerne vokser, men ingen det ser.

Papiret, hvor digtet slet ikke blev,
fordi alle stoppede med at skriv'.
Alle gode følelser nu er smidt ud,
digte ej længere kommer med bud.

Ingenting holder, for alt skal være nyt,
selv vores kærlighed bliver nu byt'.
Trofasthed var engang noget, der være.
Måske derfor så mange i sig selv skærer.

Mennesker er blevet til ingenting,
intet som helst længere giver mening.
Vi er her bare, måske kun på træk.
Mon derfor alle nu smider sig selv væk?

Sommersvig

Der er dug på rudens inderside,
og regnen vælter ned på ydersiden.
En enkelt solsort sin stemme øver.
Hvorfor mon sommeren i år tøver?

Natten kommer stadig alt, alt for tidlig,
dagen er ej særlig lang, det er sommersvig.
Fuglenes halse svigter og må på aflastningshjem.
Du svigefulde sommer, kom nu frem.

En enkelt fugl kommer flyvende fra syd,
jeg hører det så tydeligt på dens hvislelyd.
Du lille fugl, har du så et budskab i dit næb?
Den har proppet sig, så det bliver kun til et ræb.

Tiden

Mens tidens møllehjul drejer ubekymret rundt,
farer min tid på jord alt for hurtigt og svinder.
Alderdommen kommer snigende fra intetheden,
og tiden stjæler det liv, som var mig forundt.

Alt for hurtigt tager du det, som jeg engang var,
men i barndoms dage tiden havde ej så travlt.
Tiden kravler nu uset i mørket, en nattens tyv,
og bare tager og tager uden at give noget svar.

Hvem er tiden? Altid farer den hurtigt af sted,
den overvåger mig i alle mit livs mange faser
og hiver og trækker i min nu så udslidte krop.
Hvorfor lader den mig ikke bare være i fred?

Hvem så dig i fordums dage og tog dig med hjem?
Du jager mig og trækker mig ind i dit tidsspind.
Du burde være efterladt, der hvor du nu havde bo,
for intet smuthul du giver, ej bare en lille baglem.

Tiden ta'r, og med tunge lænker holder den fast.
Vær barmhjertig, sæt mig fri, bare en stund!
Men ved, du aldrig lytter og har nok i dig selv,
kunne jeg, forlod jeg dig, du tid, med stor hast.

Tidligt eller sent.

Færdig på job og dagen er omme
lister langsomt hjem i nattetågen.
Mærker godt nattekulden komme,
til gengæld holder den mig vågen.

Meget grimt og ondt i natten spirer,
menneskelig forfald i mørke gader.
Utugt, vold og misbrug af unge piger,
måske derfor, man nattebyen hader.

Langt fra byens neonlys og dårskab,
vil mit morgenøje døsigt svælge.
Sig i et blomster smukt landskab
og frem for byen, jeg det vælge.

Solen rejser sig døsig fra sengeleje,
hanen galer, nu er klokken fire.
Går langs grøftekant, som Flora eje,
jeg med blomsterne morgensvirer.

Trist dag

Står op, og hvor hulen er sommersolen?
Sætter mig ned for at vågne i lænestolen.
Fuglene råber og skriger i morgenstunden.
Sikken en larm, når hovedet har bulderrungen.

Det er en af de dage, hvor man har tunnelsyn,
og så har man ikke engang turet i natteby'n.
Synet af en er skrækindjagende og ikke for køn,
man efter uvant strenge dage får sin løn.

Det er tidlig morgen, og regnen pisker ned,
lyn og torden fiser over himlen, på vej et sted.
Sommeren blev væk, for gud ved hvilken gang.
Næppe en dag, man lyster at kvæde en sang.

Depression vælter ind over mig sådan en dag,
man mange kræfter skal besidde i dette favntag.
Midt i sommeren er det skisme blevet efterår.
Det er sgu da også de sværeste levevilkår.

Denne dag må bare rives ud af kalenderen.
Sidde helt stille og lytte til radiosenderen,
så bare tænke tanker og håbe på i morgen,
at der kommer lidt solskin oppe fra oven.

Vejret skifter.

Der hyler en blæst, en jamrende vind,
over dannevang fra havet herind.

Den blandes med enlige mågeskrig,
man næsten tror verden er forbi.

Skibe kastes rundt i hårde brodsøer,
og deres tudehorn man i natten hører

Og skovens træer vakler på ståfod,
de flås af moderjord med fodrod.

Gårdhunden ligger stille og bævre,
den har i nuet mistet ævred.

Men vinterdage er nu ganske nær,
med frost i luft og snevejr.

Og med træk fra isblomster rude,
halsen ømmes til vintersnue.

I alkoven man ligger dagen lang,
her henvises til af sygdomstvang.

fra grammofonen høres nu alsang,
om fordums tid der var engang.

Man kun efter forårsluften længes,
at vinduet ej mere frost stænges.

Nu lyttes efter Lærkens forårs sang,
så er det er slut med vintertvang.

Og dagene længes i solen så mild,
de trange tider er nu vinterspild.

Så kom du skønne sommerdag,
nu livet nydes i velbehag.

Vores elskede børn

Da jeg var ganske ung og måske lidt vild,
fik jeg min kone, en superdejlig sild,
hun blev min faste bastion.

Efter kort tid hun blev så dejlig rund,
med det smukkeste smil om sin mund
fødte hun min første lille øjesten.

Der gik nogle år uden den store mave,
men et barn til må og skal vi da have.
For at se livet må man to øjensten have.

Så var de her, de to dejlige små unger
og pludrede løs med deres små tunger,
en englelyd, som himmelsk musik.

Når sygdom ramte, jeg rigtig bange blev.
Vi da til vores læge ringede eller skrev,
og så de krudt i rumpen igen fik.

Helt ens kan man ikke sige, de to piger var,
den ene lidt rund, den anden lang som far,
men de smukkeste børn i verden.

Ønskebrønd.

Min sjæl i min krop ruger
som en dyb og rolig brønd.
Den stille, du til dig suger
med dine læber som i bøn.

Du læner dig over kanten
og stirrer i dybet ned.
Vores sjæle favner hinanden
i smilene tårer der sved.

Du kærligheden udstråler
og sig, over mig har lagt.
Dine øjne jeg dybdemåler
jeg drikker din livgivende saft.

Jeg din smækre krop begærer
holder den med kærlige bånd.
Skriften i mit hjerte du præger
og fæster med din kærlige ånd.

Ved brønden vi hinanden favne
kaster en mønt til dens bund.
Ønsker om vi aldrig må savne
kærligheden som i denne stund.

Kære kvinde min

Du elskede kvinde i mit liv, jeg kan næsten ikke udtrykke
mine varme følelser og kærlighed. Jeg tænker, at jeg
for altid vil være i gæld til dig, men kære kvinde, jeg vil
prøve at forklare det her. Mine inderste følelser og
taknemmelighed, fordi du viste mig meningen med
kærlighed imellem to mennesker. Jeg ved, du forstår mig
og den dumme dreng, som også er inde i mig. Mit hjerte ligger
i dine hænder, og jeg ved, du holder det tæt til dit eget hjerte.
Jeg ved også, at lige meget hvor lang afstand der er imellem
os, så er din kærlighed næsten rørbar lige her, hvor jeg er.
Jeg vil gerne fortælle dig, at hvis jeg til tider har såret dig,
så gør det mig ondt. Lad mig lige sige her, at jeg elsker dig,
og det kan siges igen og igen. Også vi har haft op- og nedture,
men du har altid vendt modgang til medgang. Din fantastiske
evne til at finde det gode i det, som livet har bragt os.
I sygdom har du været her og våget over mig, for det vil jeg
altid være dybt taknemmelig. Du besidder så meget godt i dit
indre, at man svimles over det. Din godhed, blidhed, forståelse,
kærlighed, næstekærlighed, empati, oprigtighed, uselviskhed og
indlevelse gør, at min kærlighed til dig er så altoverskyggende.
Jeg næsten ikke kan trække vejret, når jeg tænker på dig,
for du har givet mig alt, hvad du besidder i ånd og legeme.
Derfor, kvinde, er der kun at sige det største, jeg kan komme på:
JEG ELSKER DIG.